NICO STANITZOK

VIETNAM

FOTOGRAFIE: JULIA HOERSCH, AUEN60 PHOTOGRAPHY

INHALT

Öffnen Sie die Klappen dieses Buches.
Dort finden Sie die wichtigsten Infos zum Thema auf einen Blick!

DAS PRINZIP:
VIETNAMESISCHE
KÜCHE

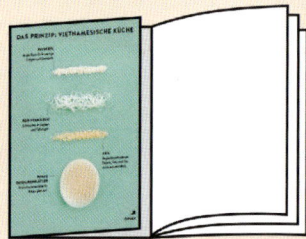

DIE PERFEKTE
KOMBI

Immer griffbereit:

SO GEHT'S:
RÜHRBRATEN

Immer griffbereit:

SO GEHT'S:
REIS KOCHEN

GU CLOU

Wussten Sie schon, dass ...?
Entdecken Sie bei einigen ausgewähl-
ten Rezepten ganz besondere Tipps
mit verblüffendem Insiderwissen.
Aha-Momente garantiert!

Mit diesem Symbol sind alle vegetarischen
Gerichte gekennzeichnet.

Die Backzeiten können je nach Herd variie-
ren. Unsere Temperaturangaben beziehen
sich auf das Backen im Elektroherd mit
Ober- und Unterhitze.

Sammeln Ihrer Lieblingsrezepte
mit der »GU Kochen Plus«-App
(siehe S. 64)

REZEPTKAPITEL

06
SUPPEN & SNACKS

20
FLEISCH & GEFLÜGEL

36
FISCH & MEERES-
FRÜCHTE

48
GEMÜSE & TOFU

NICO STANITZOK

Der gelernte Koch lebt und arbeitet in Thailand. Für ihn ist die Küche Südostasiens ein Paradies, besonders die vietnamesische Küche hat es ihm angetan. Das warme Klima sorgt hier ganzjährig für frische Früchte, aromatisches Gemüse und duftende Gewürze. Wie Sie ein Stück Vietnam in Ihre Küche holen, erklärt er hier:

Warum mag ich die Küche Vietnams?

Ich brauche keine extravagante Küche, um mich beim Essen wohlzufühlen. Deshalb ist die vietnamesische Küche einer meiner Lieblinge, denn sie kommt mit wenigen einfachen Zutaten aus. Dennoch ist sie aufregend und abwechslungsreich, und alle Gerichte lassen sich schnell und einfach zubereiten. Zudem verstehen es die Vietnamesen gekonnt, sauer mit süß, knusprig mit cremig und heiß mit kalt zu kombinieren.

Was ist das Besondere an dieser Küche?

Die vietnamesische Küche beruht auf der Philosophie der Ausgewogenheit der fünf Elemente Holz, Feuer, Erde, Metall und Wasser. Jedem Element ist eine Geschmacksrichtung zugeordnet: sauer dem Holz, bitter dem Feuer, süß schmeckt die Erde, scharf-würzig das Metall und salzig das Wasser. Perfekt im Gericht ausgewogen sollen die Zutaten mit fünf inneren Organen harmonieren, fünf Nährstoffe beinhalten, fünf Farben haben und fünf Sinne ansprechen.

Was möchte ich Ihnen hier zeigen?

Begleiten Sie mich in die Küche und lassen Sie sich zeigen, wie die Vietnamesen »zu Hause« kochen. Sie erfahren, wie man klassische vietnamesische Suppen kocht, Reisblattrollen zubereitet und wie Rührbraten im Wok funktioniert. Das können Sie mit ein paar typischen Zutaten und Handgriffen ganz einfach nachmachen. Zum Essen stellen Sie dann noch eine Schüssel mit dampfendem Reis und einen Teller mit frischen Kräutern auf den Tisch – schon sind Sie in Vietnam.

PAK CHOI IN 5 MINUTEN

1 kg Pak Choi in breite
Streifen schneiden ...

... und bei starker Hitze
im Wok in 4 EL Rapsöl
ca. 2 Min. rührbraten.

... und mit 4 EL Sesam
ca. 1 Min. mitbraten.

2 rote Chilischoten
hacken ...

*Zuletzt Kokosmilch und
Austernsauce zum Ge-
müse geben und alles in
2–3 Min. fertig garen.
Dazu passt Reis. Reicht
für 4 Personen.*

4 EL Kokosmilch   4 EL Austernsauce

SUPPEN & SNACKS

PHO BO – HANOI-NUDELSUPPE

KLASSIKER

FÜR DIE EINLAGE

*150 g Reisnudel-Sticks
    (Asia-Laden)*
300 g Roastbeef (Rumpsteak)
1 kleine rote Zwiebel
150 g Sojasprossen
Salz
2 rote Chilischoten
½ Bund Koriandergrün
3 Stängel Thai-Basilikum (Horapa)

FÜR DIE BRÜHE

1,5 l Rinderfond (Glas)
2 EL Fischsauce
2 Sternanise
Salz

EINLAGE: Die Nudeln in reichlich kochendem Wasser bei mittlerer Hitze ca. 5 Min. garen. In ein Sieb abgießen, kalt abbrausen und abtropfen lassen. Das Roastbeef quer zur Faser in sehr dünne Scheiben schneiden.

Die Zwiebel schälen, halbieren und in dünne Scheiben schneiden. Die Sprossen gründlich waschen und in kochendem Salzwasser ca. 30 Sek. blanchieren. In ein Sieb abgießen, kalt abschrecken und abtropfen lassen. Die Chilischoten halbieren und entkernen. Die Hälften waschen und in feine Streifen schneiden. Koriandergrün und Basilikum waschen, trocken schütteln und die Blätter abzupfen.

BRÜHE: Den Rinderfond mit Fischsauce und Sternanisen in einem Topf erhitzen, bis er fast kocht. Eventuell mit etwas Salz nachwürzen, bis der Fond kräftig-würzig schmeckt.

FERTIGSTELLEN: Die Nudeln auf vier Schalen verteilen und mit Zwiebel, Sprossen und Chilis garnieren. Die Fleischscheiben in den Fond rühren und ca. 30 Sek. darin garen. Die Scheiben dann auf die Schalen verteilen und diese mit dem kochend heißen Fond auffüllen. Die Suppe mit Koriandergrün und Basilikum bestreuen und sofort servieren.

GU
CLOU

Normalerweise kommt die Pho nicht unter 20 Zutaten und 24 Std. Kochzeit aus. Hier wurden die Zutaten reduziert, bis nur noch die Essenz, die Seele der Pho, übrig blieb. Mit einem hochwertigen Rinderfond schmeckt diese Suppe fast so fantastisch wie in Hanoi.

Für 4 Personen • 30 Min. Zubereitung • Pro Portion ca. 235 kcal, 26 g E, 13 g F, 5 g KH

RINDERSUPPE MIT ZITRONENGRAS

EINFACH

400 g Rinderhüfte
4 Knoblauchzehen
6 Frühlingszwiebeln
2 Tomaten
1 Stängel Zitronengras
1 Stück Ingwer (2 cm lang)
½ Bund Koriandergrün
1,2 l Rinderfond (Glas)
2 EL Fischsauce
3 TL Reisessig
Salz

1 Das Fleisch in 1 cm dicke Scheiben, dann in 5 mm dicke Streifen schneiden. Knoblauch schälen und im Mörser fein zerstoßen. Frühlingszwiebeln putzen, waschen und in 2 cm lange Stücke schneiden. Tomaten waschen und achteln, dabei die Stielansätze entfernen.

2 Vom Zitronengras das Wurzelende abschneiden, die groben Hüllblätter entfernen und den weichen Teil fein schneiden. Ingwer waschen und in 3 Scheiben schneiden. Koriandergrün waschen, trocken schütteln und grob zerpflücken.

3 Den Fond mit Knoblauch, Zitronengras, Ingwer, Fischsauce und Essig in einem Topf mischen. Bei starker Hitze aufkochen und ca. 10 Min. kochen lassen. Fleisch, Frühlingszwiebeln und Tomaten zugeben und bei schwacher Hitze 8–10 Min. im Fond ziehen lassen. Die Suppe mit Salz abschmecken, auf vier Suppenschalen verteilen, mit dem Koriandergrün bestreuen und servieren.

Für 4 Personen • 25 Min. Zubereitung • 30 Min. Marinieren • Pro Portion ca. 425 kcal, 41 g E, 10 g F, 40 g KH

HÜHNERTOPF MIT PILZEN

SCHARF

80 g Rohrohrzucker
60 ml Fischsauce
4 Knoblauchzehen
1 Stück Ingwer (4 cm lang)
600 g Hähnchenbrustfilet
Pfeffer
3 Bird's-Eye-Chilischoten
(Asia-Laden)
500 g Möhren
200 g Shiitake (Pilze)
400 g grüne Bohnen
3 EL Rapsöl

1 Zucker, Fischsauce und 4 EL Wasser in einem Topf bei mittlerer Hitze in 2–4 Min. unter Rühren zu einem dünnen Sirup kochen. Den Sirup vom Herd nehmen. Knoblauch schälen und im Mörser fein zerstoßen. Ingwer schälen und fein reiben. Fleisch kalt abbrausen, trocken tupfen und in 2 cm große Würfel schneiden. Mit Knoblauch, Ingwer und ½ TL Pfeffer mischen und ca. 30 Min. marinieren.

2 Chilis waschen und in feine Ringe schneiden. Möhren schälen, längs vierteln und schräg in Stücke schneiden. Pilze trocken abreiben, Stängel herausbrechen und die Kappen in feine Streifen schneiden. Bohnen putzen, waschen und in 1 cm lange Stücke schneiden.

3 Das Öl in einem Topf erhitzen und das Fleisch darin bei mittlerer Hitze rundum hellbraun anbraten. Möhren, Pilze, Bohnen und Sirup einrühren und alles abgedeckt bei schwacher Hitze 6–8 Min. garen. Auf vier Schalen verteilen und mit den Chilis bestreut servieren.

Für 4 Personen • 50 Min. Zubereitung • Pro Portion ca. 280 kcal, 5 g E, 11 g F, 44 g KH

REIS-KÜRBIS-SUPPE 🌿

HERBST-REZEPT

120 g Langkornreis
700 g Butternut-Kürbis
4 EL Rapsöl
1 l Gemüsefond (Glas)
4 Stängel Thai-Basilikum
  (Horapa)
½ Bund Koriandergrün
1 Stück Ingwer (5 cm lang)
2 TL Palmzucker (ersatzweise
  Rohrohrzucker)
4 EL Hoisin-Sauce
Salz, Pfeffer

1 Reis in einer Schüssel in kaltem Wasser waschen, abgießen und abtropfen lassen. Dann im Blitzhacker sehr fein hacken. Kürbis schälen, entkernen und in Würfel schneiden. In einem Topf 2 EL Öl erhitzen, Reis und Kürbis darin bei mittlerer Hitze 2–3 Min. anschwitzen. Fond und 400 ml Wasser zugießen und abgedeckt bei schwacher Hitze 30–40 Min. köcheln lassen. Dabei gelegentlich umrühren.

2 Inzwischen Basilikum und Koriandergrün waschen, trocken schütteln und fein hacken. Den Ingwer schälen und in sehr dünne Scheiben schneiden. Das restliche Öl in einer Pfanne erhitzen und die Ingwerscheiben darin bei mittlerer Hitze knusprig goldbraun ausbacken. Auf Küchenpapier entfetten.

3 Die Suppe mit Zucker, Hoisin-Sauce, Salz und Pfeffer abschmecken. In vier Schalen anrichten, den frittierten Ingwer darauf verteilen, mit Basilikum und Koriandergrün bestreuen und servieren.

Für 4 Personen • 35 Min. Zubereitung • 30 Min. Marinieren • Pro Portion ca. 595 kcal, 31 g E, 29 g F, 53 g KH

VIETNAMESISCHE STULLEN

KLASSIKER

120 ml Reisessig
4 EL Rohrohrzucker
Salz
400 g Rotkohl
4 Knoblauchzehen
1 Stück Ingwer (5 cm lang)
200 g Mayonnaise
4 EL Sojasauce
8 Baguettebrötchen mit Sesam
400 g Hähnchenbrustfilet
Pfeffer
2 EL Rapsöl

1 Essig, 100 ml Wasser, Zucker und 1 TL Salz in einem Topf aufkochen. Vom Herd nehmen und abkühlen lassen. Rotkohl putzen und in feine Streifen schneiden oder hobeln. Die Streifen in den Essigsud geben und ca. 30 Min. darin marinieren. Danach leicht durchkneten, aus dem Sud nehmen und in einem Sieb abtropfen lassen.

2 Knoblauch und Ingwer schälen, hacken und im Mörser fein zerreiben. Mayonnaise und Sojasauce unterrühren. Backofen auf 220° vorheizen. Die Brötchen im Ofen (Mitte) ca. 5 Min. aufbacken. Inzwischen das Fleisch kalt abbrausen, trocken tupfen und in dünne Streifen schneiden. Mit Salz und Pfeffer würzen. Öl in einer Pfanne erhitzen und das Fleisch darin bei starker Hitze 3–4 Min. rührbraten.

3 Die Brötchen waagerecht aufschneiden, jedoch nicht ganz durchtrennen. Die unteren Hälften mit der Mayonnaise bestreichen, Kohl und Fleisch darauf verteilen, zusammenklappen und servieren.

GEFÜLLTE CRÊPES

ZUM BRUNCH

Für 4 Personen • 35 Min. Zubereitung • Pro Portion ca. 670 kcal, 25 g E, 49 g F, 32 g KH

FÜR DIE FÜLLUNG

*200 g rohe geschälte TK-Riesen-
garnelen (ersatzweise gegarte
TK-Garnelen)*
150 g Sojasprossen
1 Bund Frühlingszwiebeln
200 g Schweinefilet
4 Knoblauchzehen
2 EL Fischsauce
2 EL Rapsöl

FÜR DEN TEIG

*130 g Reismehl (ersatzweise
Speisestärke)*
250 g Kokosmilch
Salz
½ TL gemahlene Kurkuma
120 ml Rapsöl

GUT ZU WISSEN

Mit einem Trick lassen sich die
Garnelen ganz rasch auftauen:
Einfach in ein Sieb legen und
mit fließend warmem Wasser
abspülen, bis sie aufgetaut
sind. Noch trocken tupfen,
schon sind sie einsatzbereit.

FÜLLUNG VORBEREITEN: Die Garnelen nach Packungsangabe in ca. 2 Std. auftauen lassen.

TEIG: Das Reismehl mit Kokosmilch, ½ TL Salz, Kurkuma und
120 ml Wasser in einer Schüssel zu einem glatten Teig verrühren (Bild 1). Den Teig 10–15 Min. ruhen lassen.

FÜLLUNG: Inzwischen die Sojasprossen waschen und abtropfen lassen. Die Frühlingszwiebeln putzen, waschen und in
feine Ringe schneiden. Das Fleisch in feine Streifen schneiden,
die Garnelen längs halbieren. Den Knoblauch schälen und im
Mörser fein zerstoßen (Bild 2).

Fleisch, Garnelen, Knoblauch und Fischsauce in einer Schüssel
vermischen. Das Öl in einem Wok oder einer Pfanne erhitzen
und die Fleisch-Garnelen-Mischung darin bei starker Hitze
2–3 Min. rührbraten. Die Frühlingszwiebeln kurz unterrühren
(Bild 3) und die Füllung vom Herd nehmen.

FERTIGSTELLEN: In einer beschichteten Pfanne (20 cm ⌀)
3 EL Öl erhitzen. Ein Viertel des Teigs hineingeben und durch
Schwenken gleichmäßig in der Pfanne verteilen (Bild 4). Die
Crêpe bei mittlerer Hitze ca. 2 Min. backen. Jeweils ein Viertel
der Fleisch-Garnelen-Mischung und der Sprossen auf den
Teig geben (Bild 5). Die Pfanne abdecken und die Crêpe bei
schwacher Hitze in 3–4 Min. knusprig backen. Die Crêpe in
der Mitte zusammenklappen und auf einen Teller gleiten lassen (Bild 6). Bis zum Servieren mit Alufolie abdecken oder im
Ofen warm halten. Mit dem restlichen Teig und der übrigen
Füllung wiederholen, dann servieren.

OMELETTS MIT HACKFLEISCH

FÜRS BÜFETT

FÜR DAS GEMÜSE
1 Zwiebel
4 Knoblauchzehen
½ Bund Koriandergrün

FÜR DIE OMELETTS
8 Eier (M)
300 g Schweinehackfleisch
4 EL Speisestärke
2 EL Fischsauce
Salz, Pfeffer
80 ml Rapsöl

GU CLOU

Im Original sorgt Reismehl für die nötige Bindung der Eiermasse. Da Reismehl aber im deutschsprachigen Raum nicht an jeder Ecke zu bekommen ist, wird es hier durch Speisestärke ersetzt. Klappt wunderbar und schmeckt prima.

GEMÜSE: Die Zwiebel schälen und in feine Würfel schneiden. Den Knoblauch schälen und im Mörser fein zerstoßen. Das Koriandergrün waschen, trocken schütteln und die Blätter abzupfen. Die Hälfte der Blätter fein hacken, die andere Hälfte für die Garnitur beiseitelegen.

OMELETTS: Die Eier mit einer Gabel in einer Schüssel verquirlen. Hackfleisch, Speisestärke und Fischsauce untermischen. Dann Zwiebel, Knoblauch und gehackten Koriander zugeben und alles zu einer glatten Masse verrühren. Mit je 1 Prise Salz und Pfeffer würzen.

FERTIGSTELLEN: In einer beschichteten Pfanne (20 cm ⌀) 2 EL Öl erhitzen. Ein Viertel der Eiermasse hineingeben und durch Schwenken gleichmäßig in der Pfanne verteilen. Bei mittlerer Hitze 2–3 Min. braten, bis die Unterseite gestockt ist. Das Omelett dann zusammenklappen und ca. 1 Min. weiterbraten. Danach wenden und abgedeckt in ca. 2 Min. fertig braten. Das Omelett auf einen Teller gleiten lassen und warm stellen. Mit dem übrigen Öl und der restlichen Eiermasse wiederholen. Die Omeletts mit den Korianderblättern bestreut servieren. Dazu passen ein frischer Salat und Chilisauce.

KOHLROULADEN SURF & TURF

FÜR GÄSTE

FÜR DIE ROULADEN

250 g rohe geschälte TK-Riesen-
  garnelen (ersatzweise gegarte
  TK-Garnelen)
16 große Blätter Weißkohl
  (ersatzweise Chinakohl)
Salz
1 Bund Frühlingszwiebeln
½ Bund Koriandergrün
250 g Rinderhackfleisch
2 EL Fischsauce
½ TL 5-Gewürze-Pulver

FÜR DIE BRÜHE

1 rote Chilischote
800 ml Geflügelfond (Glas)
2 EL Fischsauce

AUSSERDEM

16 Zahnstocher
200 ml süßscharfe Chilisauce
  (Fertigprodukt, Asia-Laden)

ROULADEN: Die Garnelen nach Packungsangabe in ca. 2 Std. auftauen lassen. Die Kohlblätter waschen und in kochendem Salzwasser ca. 1 Min. blanchieren. Herausheben, in kaltem Wasser abschrecken und abtropfen lassen.

Die Frühlingszwiebeln putzen, waschen und in 3 cm lange Stücke schneiden. Koriandergrün waschen, trocken schütteln und samt Stängeln grob zerschneiden. Garnelen, Hackfleisch, Frühlingszwiebeln, Koriandergrün, Fischsauce und 5-Gewürze-Pulver im Blitzhacker zu einer feinen Masse zerkleinern.

Die Kohlblätter auf der Arbeitsfläche ausbreiten und die Füllung jeweils mittig auf das untere Drittel der Blätter verteilen. Jedes Blatt von unten einmal über die Füllung klappen und die Seiten leicht überlappend zur Mitte einschlagen. Die Blätter von unten fest aufrollen und mit einem Zahnstocher fixieren.

BRÜHE: Die Chilischote halbieren, entkernen, die Hälften waschen und fein schneiden. Fond, Chili und Fischsauce in einem Topf bei mittlerer Hitze aufkochen.

FERTIGSTELLEN: Die Rouladen in die Brühe legen und 10–15 Min. köcheln lassen. Dann herausnehmen, die Zahnstocher entfernen und die Rouladen in vier Schalen anrichten. Mit etwas Brühe übergießen und mit Chilisauce servieren.

FLEISCH & GEFLÜGEL

Für 4 Personen • 30 Min. Zubereitung • 30 Min. Marinieren • Pro Portion ca. 605 kcal, 32 g E, 44 g F, 21 g KH

MARINIERTE RINDERSTEAKS

VITAMINREICH

FÜR DAS FLEISCH

600 g Rinderhüftsteak
8 Knoblauchzehen
60 ml Rapsöl
2 EL Rohrohrzucker
2 EL Austernsauce
2 EL Sojasauce
Salz, Pfeffer

FÜR DEN SALAT

4 rote Zwiebeln
2 EL Reisessig
4 EL Rapsöl
4 EL Sojasauce
½ kleine Ananas
2 Handvoll Rucola

GUT ZU WISSEN

Das Fleischstück lässt sich besonders akkurat in Scheiben schneiden, wenn Sie es vorher im Tiefkühlfach ca. 30 Min. leicht anfrieren lassen. Dabei wird das Fleisch fester und zerfällt beim Schneiden nicht.

FLEISCH: Das Fleisch quer zur Faser in 5 mm dicke Scheiben schneiden. Den Knoblauch schälen und im Mörser grob zerstoßen. Die Hälfte davon mit 4 EL Öl, Zucker, Austernsauce, Sojasauce, ½ TL Salz und 3 Prisen Pfeffer in einer Schale verrühren. Die Fleischscheiben in die Marinade legen, mit den Händen durchmischen und bei Raumtemperatur ca. 30 Min. durchziehen lassen.

SALAT: Inzwischen die Zwiebeln schälen, halbieren und in feine Streifen schneiden. Essig, Öl und Sojasauce in einer Schale verquirlen. Die Zwiebelstreifen hineingeben und mit dem Dressing verkneten. Die Ananas dick schälen und den Strunk herausschneiden. Das Fruchtfleisch zuerst quer in 5 mm dicke Scheiben, dann in 2 cm große Stücke schneiden. Den Rucola waschen und trocken schleudern.

FERTIGSTELLEN: Das restliche Öl in einem Wok oder einer Pfanne erhitzen. Den übrigen zerstoßenen Knoblauch darin bei starker Hitze in ca. 10 Sek. goldbraun anbraten, herausnehmen. Das Fleisch aus der Marinade nehmen und portionsweise im heißen Öl 1–2 Min. pro Seite anbraten. Zuletzt alle Steaks und den gebratenen Knoblauch im Wok vermischen und in ca. 1 Min. wieder heiß werden lassen.

Den Rucola auf vier Tellern ausbreiten. Die Ananasstücke und die Zwiebeln samt Dressing darauf verteilen. Die Steaks darauf anrichten und servieren.

Für 4 Personen • 25 Min. Zubereitung • Pro Portion ca. 560 kcal, 30 g E, 38 g F, 24 g KH

RIND MIT SALAT UND ERDNUSS

SCHARF

400 g Rinderhüfte
4 EL Rapsöl
1 Gurke
2 Möhren
150 g Sojasprossen
3 Bird's-Eye-Chilischoten
    (Asia-Laden)
6 EL geröstete, gesalzene
    Erdnusskerne
3 EL Limettensaft
3 EL Fischsauce
3 EL Rohrohrzucker
Salz, Pfeffer

1 Das Fleisch zuerst in ca. 1 cm dicke Scheiben, dann in 5 mm breite Streifen schneiden. Die Streifen in einer Schale mit dem Öl mischen. Die Gurke waschen, zuerst längs in dünne Scheiben, dann quer in dünne Streifen schneiden. Möhren schälen und in Streifen schneiden. Sprossen waschen und abtropfen lassen. Mit Gurke und Möhren mischen und den Salat auf vier Tellern anrichten.

2 Die Chilischoten waschen. Mit den Erdnüssen grob hacken, dann beides im Mörser fein zerstoßen. Limettensaft, Fischsauce und Zucker unterrühren, bis sich der Zucker aufgelöst hat.

3 Eine Pfanne mit schwerem Boden ohne Öl stark erhitzen. Das Fleisch mit Salz und Pfeffer würzen und in der Pfanne bei starker Hitze 2–3 Min. unter Rühren anbraten. Mit 4 EL Wasser ablöschen, vom Herd nehmen und sofort mit dem Bratenfond auf dem Salat verteilen. Mit der Erdnusssauce beträufeln und servieren.

Für 4 Personen • 30 Min. Zubereitung • Pro Portion ca. 530 kcal, 33 g E, 20 g F, 55 g KH

REIS-VERMICELLI MIT RIND

EINFACH

200 g Reis-Vermicelli
4 Stangen Staudensellerie
2 Möhren
150 g Shiitake (Pilze)
60 ml Rapsöl
400 g Rindergeschnetzeltes
  (z. B. Roastbeef)
Salz, Pfeffer
4 EL Sojasauce
4 EL Fischsauce
4 EL Austernsauce
600 ml Rinderfond (Glas)

1 Die Vermicelli ca. 15 Min. in reichlich kaltem Wasser einweichen. Dann in ein Sieb abgießen und abtropfen lassen.

2 Inzwischen Sellerie putzen, waschen und schräg in dünne Scheiben schneiden. Möhren schälen, längs vierteln und schräg in dünne Stifte schneiden. Pilze trocken abreiben, Stängel herausbrechen und die Kappen in feine Streifen schneiden.

3 In einem Wok oder einer Pfanne 3 EL Öl erhitzen. Das Fleisch mit Salz und Pfeffer würzen und darin bei starker Hitze 2–3 Min. unter Rühren anbraten. Herausnehmen. Das restliche Öl im Wok erhitzen. Gemüse und Pilze darin bei starker Hitze 2–3 Min. rührbraten. Mit Soja-, Fisch-, Austernsauce und Fond ablöschen. Die Nudeln unterheben und alles bei mittlerer Hitze unter gelegentlichem Rühren ca. 3 Min. garen. Das Fleisch untermischen und noch ca. 2 Min. ziehen lassen. In vier Schalen anrichten und servieren.

1

2

3

SALATROLLEN MIT SCHWEIN UND GARNELE

FÜR GÄSTE

4

5

6

FÜR DIE FÜLLUNG

*30 rohe geschälte TK-Riesen-
   garnelen (300 g, ersatzweise
   gegarte TK-Garnelen)
300 g Schweinefilet
Salz
100 g Reis-Vermicelli
30 kleine Blätter Kopfsalat
½ Gurke
2 Möhren
1 Bund Koriandergrün*

FÜR DEN DIP

*4 EL Erdnusscreme (crunchy)
4 EL Hoisin-Sauce*

FÜR DIE ROLLEN

30 Blätter Reispapier (20 cm ⌀)

GUT ZU WISSEN

Eine Rolle, die alle glücklich macht: In Vietnam stellt man neben den Zutaten noch eine Schüssel mit Wasser für das Reispapier auf den Tisch. Dann rollt jeder selbst seine Lieblingszutaten ein. Und auch Vegetarier sind happy, sie lassen bei ihren Rollen Fleisch und Garnelen einfach weg.

FÜLLUNG: Die Garnelen nach Packungsangabe in ca. 2 Std. auftauen lassen. Das Filet in 1 cm große Würfel schneiden. In einem Topf 500 ml Salzwasser aufkochen und die Würfel darin ca. 5 Min. garen. Mit einer Schaumkelle herausnehmen und beiseitestellen. Dann die Garnelen im Kochwasser 2–3 Min. kochen. In ein Sieb abgießen, kalt abschrecken, abtropfen lassen und längs halbieren (Bild 1).

Die Vermicelli in einer Schüssel mit kochendem Wasser übergießen und ca. 5 Min. einweichen. In ein Sieb abgießen, kalt abbrausen, abtropfen lassen und mit einer Schere klein schneiden. Salat waschen und trocken schleudern. Gurke und Möhren schälen. Die Gurke längs vierteln und quer in dünne Scheiben schneiden, die Möhren grob raspeln. Koriandergrün waschen, trocken schütteln und die Blätter abzupfen. Alle Zutaten für die Füllung in Schalen auf den Tisch stellen (Bild 2).

DIP: Erdnusscreme, Hoisin-Sauce und 3–4 EL warmes Wasser zu einem glatten Dip verrühren.

ROLLEN: Bei Tisch 1 Blatt Reispapier in eine Schale mit lauwarmem Wasser tauchen, bis es weich ist. Das Blatt auf einem Geschirrtuch ausbreiten und 1 Salatblatt auf das untere Drittel legen. Je 1–2 TL Fleisch, Nudeln, Gurke und Möhren daraufsetzen (Bild 3). Das Papier von unten einmal über die Füllung klappen, dann die Seiten leicht überlappend zur Mitte schlagen (Bild 4). Nebeneinander 2 Garnelenhälften und einige Korianderblätter auf die Rolle legen und von unten her aufrollen (Bild 5). Mit den restlichen Zutaten wiederholen und die Rollen mit dem Dip servieren (Bild 6).

Für 4 Personen • 35 Min. Zubereitung • Pro Portion ca. 870 kcal, 46 g E, 65 g F, 23 g KH

HACKBÄLLCHEN MIT ERDNUSSDIP

FÜRS BÜFETT

*1 EL Tamarindenpaste
(Asia-Laden)
120 g geröstete, gesalzene
Erdnusskerne
60 ml Hoisin-Sauce
60 g Reis
6 Knoblauchzehen
4 EL Reiswein (ersatzweise
Sherry)
4 EL Fischsauce
Salz
800 g Schweinehackfleisch
4 EL Rapsöl*

1 Die Tamarindenpaste mit 4 EL heißem Wasser glatt rühren. Die Erdnüsse im Mörser fein zerstoßen und mit Tamarinde, Hoisin-Sauce und 100 ml Wasser zu einem cremigen Dip verrühren.

2 Den Reis in einer beschichteten Pfanne ohne Fett bei mittlerer Hitze hellbraun rösten. Im Mörser oder Blitzhacker zu feinem Pulver zermahlen und umfüllen. Den Knoblauch schälen und im Mörser fein zerstoßen. Reiswein, Fischsauce und 2 TL Salz zugeben und mit dem Stößel unterrühren. Den Knoblauchmix mit Hackfleisch und 4 EL Reispulver in einer Schüssel zu einer geschmeidigen Masse verkneten (restliches Reispulver in einem Schraubglas aufbewahren).

3 Aus der Fleischmasse mit angefeuchteten Händen 40 Bällchen formen. Das Öl in einer Pfanne erhitzen und die Hackbällchen darin bei mittlerer Hitze in ca. 10 Min rundum knusprig braun braten. Auf Küchenpapier entfetten und mit dem Erdnussdip servieren.

Für 4 Personen • 30 Min. Zubereitung • 10 Min. Marinieren • Pro Portion ca. 440 kcal, 47 g E, 11 g F, 38 g KH

MARINIERTE BBQ-SPIESSE

SOMMER-REZEPT

4 Hähnchenbrustfilets
   (à 200 g)
3 Stängel Zitronengras
5 Knoblauchzehen
2 EL Rohrohrzucker
Salz
2 EL Fischsauce
2 TL gemahlene Kurkuma
1 TL Geflügelbrühe (Instant)
Pfeffer
3 EL Rapsöl

AUSSERDEM
8 Holzspieße (20 cm lang)
250 g süßscharfe Chilisauce
   (Fertigprodukt, Asia-Laden)

1 Die Holzspieße mindestens 1 Std. wässern. Inzwischen die Filets kalt abbrausen, trocken tupfen und waagerecht halbieren. Die Fleischscheiben dann längs in je 3 möglichst gleiche Streifen schneiden, sodass 24 Streifen entstehen.

2 Vom Zitronengras das Wurzelende abschneiden, die Hüllblätter entfernen und den weichen Teil fein schneiden. Knoblauch schälen und mit Zitronengras, Zucker und 1 TL Salz im Mörser fein zerstoßen. Fischsauce, Kurkuma, Brühe und 3 Prisen Pfeffer unterrühren. Das Fleisch mit der Marinade mischen und ca. 10 Min. ziehen lassen.

3 Danach auf jeden Holzspieß wellenförmig 3 Fleischstreifen aufstecken. Das Öl in einer Grillpfanne erhitzen und die Spieße darin bei mittlerer Hitze 3–5 Min. pro Seite braten. Alternativ die Spieße auf dem Grill bei mittlerer Hitze 10–15 Min. grillen. Auf vier Tellern anrichten und mit der Chilisauce servieren.

Für 4 Personen • 35 Min. Zubereitung • Pro Portion ca. 425 kcal, 49 g E, 11 g F, 32 g KH

HÄHNCHEN IN ZITRONENGRAS

EXOTISCH

FÜR DEN SIRUP

80 g Rohrohrzucker
60 ml Fischsauce

FÜR DIE HÄHNCHEN-PFANNE

800 g Hähnchenbrustfilet
3 Stängel Zitronengras
4 Knoblauchzehen
180 g Schalotten
2 rote Paprika
2 Möhren
3 EL Rapsöl
2 EL Limettensaft
Salz, Pfeffer

GUT ZU WISSEN

Zitronengras würzt Suppen, Saucen und Marinaden und schmeckt intensiv nach Zitrusfrüchten. Vor der Verwendung werden die groben Hüllblätter entfernt und der verdickte untere Teil der Stängel in dünne Scheiben geschnitten. Diese mitbraten oder mitkochen.

SIRUP: Zucker, Fischsauce und 2 EL Wasser in einem kleinen Topf mischen. Offen bei mittlerer Hitze in 6–8 Min. zu einem dünnen Sirup kochen, dabei gelegentlich umrühren. Den Sirup dann vom Herd nehmen.

HÄHNCHENPFANNE: Das Filet kalt abbrausen, trocken tupfen und in 2 cm große Stücke schneiden. Vom Zitronengras das Wurzelende abschneiden, die Hüllblätter entfernen und den weichen Teil fein schneiden. Knoblauch schälen und im Mörser zerstoßen. Schalotten schälen und in feine Streifen schneiden. Paprika vierteln, entkernen und waschen. Die Viertel in 2 cm große Stücke schneiden. Möhren schälen, längs vierteln und schräg in feine Scheiben schneiden.

FERTIGSTELLEN: Das Öl in einem Wok oder einer Pfanne erhitzen. Zitronengras, Knoblauch und Schalotten darin bei starker Hitze in 15–20 Sek. goldbraun anbraten, herausnehmen. Dann das Fleisch portionsweise je ca. 3 Min. rührbraten.

Zuletzt das gebratene Fleisch und den Zitronengrasmix wieder in den Wok geben. Paprika und Möhren einrühren und alles bei mittlerer Hitze 2–3 Min. rührbraten. Sirup und Limettensaft zugießen und in 2–3 Min. sämig einkochen lassen. Ist die Sauce zu dünn, etwas länger kochen lassen, ist sie zu dick, etwas Wasser einrühren. Die Hähnchenpfanne mit Salz und Pfeffer abschmecken und auf vier Tellern anrichten. Mit Reis servieren.

Für 4 Personen • 45 Min. Zubereitung • Pro Portion ca. 465 kcal, 49 g E, 20 g F, 21 g KH

KARAMELLISIERTES HÄHNCHEN

AUS SÜDVIETNAM

FÜR DEN KARAMELL

60 g Rohrohrzucker
2 EL Limettensaft

FÜR DAS FLEISCH

800 g Hähnchenbrustfilet
120 g Schalotten
4 Knoblauchzehen
3 Stängel Zitronengras
3 EL Rapsöl
4 EL Fischsauce
200 g Kokosmilch

GUT ZU WISSEN

Zu einem vietnamesischen Essen gehört immer ein großer Teller mit Kräutern (Dill, Koriandergrün, Minze, Thai-Basilikum), Salatblättern und auch Gemüsesticks. Sie werden bei Tisch auf das Gericht gestreut und mitgegessen.

KARAMELL: Den Zucker mit 1 EL heißem Wasser in einem Topf aufkochen und bei mittlerer Hitze 4–6 Min. kochen lassen, bis er goldbraun ist. Vom Herd nehmen und 2 EL Wasser zum Karamell geben. Zurück auf den Herd stellen und bei mittlerer Hitze ca. 1 Min. unter Rühren weiterkochen. Dann den Limettensaft einrühren und den Karamell beiseitestellen.

FLEISCH: Das Hähnchenfilet kalt abbrausen, trocken tupfen und in 3 cm große Stücke schneiden. Schalotten schälen und in feine Würfel schneiden. Knoblauch schälen und fein hacken. Vom Zitronengras das Wurzelende abschneiden, die Hüllblätter entfernen und den weichen Teil fein schneiden.

FERTIGSTELLEN: Das Öl in einem Wok oder einer Pfanne erhitzen. Schalotten, Knoblauch und Zitronengras darin bei mittlerer Hitze 1–2 Min. anbraten, herausnehmen. Dann das Fleisch im Wok portionsweise je 2–3 Min. rührbraten.

Zuletzt gebratene Fleischwürfel, Schalottenmix, Karamell, Fischsauce und Kokosmilch im Wok mischen, aufkochen und bei mittlerer Hitze 6–8 Min. köcheln lassen. Das Hähnchen mit der Sauce auf vier Tellern anrichten. Dazu passen Reis und frische gemischte Kräuter.

Für 4 Personen • 20 Min. Zubereitung • Pro Portion ca. 415 kcal, 33 g E, 17 g F, 32 g KH

HÄHNCHEN-ERDNUSS-SALAT

EINFACH

400 g Hähnchenbrustfilet
Salz
300 g Rotkohl
2 Möhren
½ Bund Minze
6 EL geröstete, gesalzene
  Erdnusskerne
4 Knoblauchzehen
3 Bird's-Eye-Chilischoten
  (Asia-Laden)
60 ml Limettensaft
4 EL Fischsauce
4 EL Palmzucker (ersatzweise
  Rohrohrzucker)

1 Das Hähnchenfilet kalt abbrausen und trocken tupfen. In einem Topf 500 ml Salzwasser aufkochen und das Filet darin bei mittlerer Hitze ca. 15 Min. garen. Inzwischen den Rotkohl putzen, waschen und in feine Streifen schneiden oder hobeln. Die Möhren schälen und grob raspeln. Die Minze waschen, trocken schütteln und die Blätter abzupfen. Die Erdnüsse grob hacken.

2 Den Knoblauch schälen und im Mörser fein zerstoßen. Die Chilis waschen, zugeben und ebenfalls grob zerstoßen. Limettensaft, Fischsauce und Zucker zufügen und alles mit dem Stößel verrühren, bis sich der Zucker aufgelöst hat.

3 Das Filet aus dem Wasser nehmen, abtropfen und kurz abkühlen lassen. Dann mit einer Gabel zerpflücken. Rotkohl, Möhren und Minze mischen, auf vier Teller verteilen und mit dem Dressing beträufeln. Fleisch und Erdnüsse darauf anrichten und servieren.

Für 4 Personen • 35 Min. Zubereitung • Pro Portion ca. 620 kcal, 43 g E, 40 g F, 19 g KH

HÄHNCHENCURRY MIT KOKOS

SCHARF

600 g Hähnchenbrustfilet
15 Kirschtomaten
½ Bund Koriandergrün mit
*   Wurzeln*
120 g Schalotten
6 Knoblauchzehen
1 Stück Ingwer (4 cm lang)
3 Bird's-Eye-Chilischoten
*   (Asia-Laden)*
2 EL Currypulver
800 g Kokosmilch
2 EL Palmzucker (ersatzweise
*   Rohrohrzucker)*
Salz

1 Das Filet kalt abbrausen, trocken tupfen und in 3 cm große Würfel schneiden. Die Tomaten waschen und abtropfen lassen. Das Koriandergrün waschen, trocken schütteln und einige Blätter für die Garnitur abzupfen. Den restlichen Koriander samt Wurzeln und Stängeln klein schneiden. Schalotten, Knoblauch und Ingwer schälen und fein hacken. Die Chilischoten waschen.

2 Geschnittenen Koriander, Schalotten, Knoblauch, Ingwer, Chilis und Currypulver im Mörser zu einer feinen Paste zerstoßen. Die Paste mit 50 ml Kokosmilch verrühren, in einen Wok oder eine Pfanne gießen und bei mittlerer Hitze 3–5 Min. unter Rühren aufkochen. Fleischwürfel, Zucker und restliche Kokosmilch zugeben und bei schwacher bis mittlerer Hitze 20–25 Min. köcheln lassen. Die Tomaten unterheben und ca. 2 Min. in der Sauce erwärmen. Das Curry zuletzt mit Salz abschmecken, auf vier Tellern anrichten und mit den Korianderblättern bestreut servieren.

FISCH & MEERESFRÜCHTE

PANGASIUS IN KARAMELLSAUCE

EXOTISCH

FÜR DEN KARAMELL

60 g Rohrohrzucker
2 EL Limettensaft

FÜR DEN FISCH

700 g Pangasiusfilet
1 Bund Frühlingszwiebeln
2 Bird's-Eye-Chilischoten
   (Asia-Laden)
6 Knoblauchzehen
½ Ananas
60 g Cashewkerne
4 EL Rapsöl
4 EL Austernsauce

GUT ZU WISSEN

Manchmal muss es eben scharf sein, und da kommen die höllenscharfen Bird's-Eye-Chilis gerade recht. Die Schärfe sitzt in den Trennwänden und Kernen im Inneren der Schoten. Da sie aber sehr klein sind, verwendet man die Chilis ganz. Wenn es milder sein soll, 1 Schote weniger verwenden.

KARAMELL: Den Zucker mit 1 EL heißem Wasser in einem Topf aufkochen und bei mittlerer Hitze 4–6 Min. kochen lassen, bis er goldbraun ist. Vom Herd nehmen und 2 EL Wasser zum Karamell geben. Zurück auf den Herd stellen und bei mittlerer Hitze ca. 1 Min. unter Rühren weiterkochen. Dann den Limettensaft einrühren und den Karamell beiseitestellen.

FISCH: Das Filet waschen, trocken tupfen und in 2 cm breite Streifen schneiden. Frühlingszwiebeln putzen, waschen und schräg in 1 cm lange Stücke schneiden. Chilis waschen, Knoblauch schälen, dann beides im Mörser grob zerstoßen.

Die Ananas dick schälen, den Strunk herausschneiden und das Fruchtfleisch quer in dünne Scheiben schneiden. Cashewkerne in einer Pfanne ohne Fett bei mittlerer Hitze rösten, bis sie duften. Etwas abkühlen lassen und grob hacken.

FERTIGSTELLEN: Das Öl in einem Wok oder einer Pfanne erhitzen. Den Fisch mit dem Chili-Knoblauch-Mix darin portionsweise bei mittlerer Hitze je 1–2 Min. rührbraten. Danach den gesamten Fisch in den Wok geben, die Frühlingszwiebeln untermischen und ca. 1 Min. weiter rührbraten. Karamell, Austernsauce und Ananas einrühren und alles 2–3 Min. kochen lassen, bis die Flüssigkeit sirupartig eingekocht ist. Den Fisch in vier Schalen anrichten, mit den gehackten Cashewkernen bestreuen und servieren. Dazu passt Reis.

Für 30 Stück • 35 Min. Zubereitung • 1 Std. Marinieren • Pro Stück ca. 115 kcal, 47 g E, 44 g F, 63 g KH

REISBLATTROLLEN MIT FISCH

KLASSIKER

FÜR DIE FÜLLUNG

800 g sehr frisches Makrelenfilet
  (Sushi-Qualität)
200 ml Reisessig
240 g Schalotten
4 EL Rapsöl
2 Zwiebeln
2 EL Zucker
Salz
4 Stängel Minze
4 Stängel Thai-Basilikum (Horapa)
4 EL geröstete, gesalzene Erd-
  nusskerne

FÜR DIE ROLLEN

30 Blätter Reispapier (20 cm ⌀)

DAZU PASST

... ein scharfer Dip wie zum Beispiel Nuoc Cham. Dafür 4 EL vietnamesische Fischsauce (Nuoc mam), 4 gehackte Bird's-Eye-Chilischoten, 3 gehackte Knoblauchzehen, 50 g Zucker und je 4 EL Limettensaft und Wasser verrühren.

FÜLLUNG: Das Fischfilet waschen, trocken tupfen und in hauchdünne Scheiben schneiden. 100 ml Essig in einen tiefen Teller gießen und die Scheiben flach hineinlegen. Mit dem restlichen Essig beträufeln und den Fisch abgedeckt bei Raumtemperatur ca. 1 Std. marinieren.

Inzwischen die Schalotten schälen und in dünne Streifen schneiden. Das Öl in einer beschichteten Pfanne erhitzen und die Schalotten darin bei mittlerer Hitze in 2–3 Min. knusprig goldbraun braten. Auf Küchenpapier entfetten. Die Zwiebeln schälen und in hauchdünne Streifen schneiden. Mit Zucker und 1 TL Salz mischen und ca. 30 Min. ziehen lassen. Minze und Basilikum waschen, trocken schütteln und die Blätter fein schneiden. Die Erdnüsse grob hacken.

Den Fisch in reichlich kaltes Wasser legen und behutsam darin spülen. Abtropfen lassen, auf einem Geschirrtuch ausbreiten und trocknen. Die Zwiebeln in einem Sieb ausdrücken. Fisch, Schalotten, Zwiebeln, Minze, Basilikum und Erdnüsse in einer Schale mischen. Die Füllung auf den Tisch stellen.

ROLLEN: Bei Tisch 1 Blatt Reispapier in eine Schale mit lauwarmem Wasser tauchen, bis es weich ist. Das Blatt behutsam auf einem Geschirrtuch ausbreiten und 1–2 EL Füllung auf das untere Drittel setzen. Das Reispapier von unten einmal über die Füllung klappen, dann die Seiten leicht überlappend zur Mitte umschlagen. Die Rolle von unten her aufrollen. Die restlichen Rollen ebenso formen. Dazu passt Sojasauce.

Für 4 Personen • 20 Min. Zubereitung • Pro Portion ca. 725 kcal, 38 g E, 46 g F, 40 g KH

GEBRATENER FISCH MIT DILL

GÜNSTIG

700 g Pangasiusfilet
Salz, Pfeffer
5 EL Mehl
5 Knoblauchzehen
120 g Schalotten
6 Stängel Dill
½ Bund Koriandergrün
6 EL geröstete, gesalzene
  Erdnusskerne
80 ml Rapsöl
2 Dosen stückige Tomaten
  (à 400 g)
2 EL Palmzucker (ersatzweise
  Rohrohrzucker)

1 Das Fischfilet waschen, trocken tupfen und in 1 cm breite Streifen schneiden. Mit Salz und Pfeffer würzen und im Mehl wälzen. Knoblauch schälen und im Mörser grob zerstoßen. Schalotten schälen, halbieren und in feine Streifen schneiden. Dill und Koriandergrün waschen, trocken schütteln und samt Stängeln in 1 cm lange Stücke schneiden. Erdnüsse grob hacken und beiseitestellen.

2 In einem Wok oder einer Pfanne 3 EL Öl erhitzen. Die Hälfte vom Fisch darin in 2–3 Min. goldbraun anbraten, herausnehmen und auf Küchenpapier entfetten. Mit der zweiten Hälfte wiederholen.

3 Das restliche Öl in die Pfanne geben und Knoblauch und Schalotten darin goldbraun anbraten. Tomaten und Zucker zufügen und unter Rühren aufkochen. Fisch, Dill und Koriander einrühren und ca. 1 Min. in der Sauce erwärmen. Den Fisch auf vier Tellern anrichten, mit den gehackten Erdnüssen bestreuen und servieren.

Für 4 Personen • 25 Min. Zubereitung • Pro Portion ca. 660 kcal, 35 g E, 24 g F, 76 g KH

GEBRATENER REIS MIT GARNELEN

EINFACH

400 g rohe geschälte
  TK-Riesengarnelen (ersatz-
  weise gegarte TK-Garnelen)
350 g Langkornreis
Salz
2 Tomaten
4 Knoblauchzehen
1 Bund Frühlingszwiebeln
1 Bund Koriandergrün
4 EL Austernsauce
4 EL Fischsauce
Pfeffer
4 Eier (M)
60 ml Rapsöl

1 Garnelen nach Packungsangabe in ca. 2 Std. auftauen lassen. Reis in Salzwasser ca. 20 Min. garen. Inzwischen Tomaten waschen, Stielansatz entfernen und achteln. Knoblauch schälen und im Mörser grob zerstoßen. Frühlingszwiebeln putzen, waschen und in 1 cm lange Stücke schneiden. Koriandergrün waschen, trocken schütteln und Blätter abzupfen. Die Garnelen längs halbieren. Austernsauce, Fischsauce, 1 TL Salz und 2 Prisen Pfeffer verrühren. Eier verquirlen.

2 Das Öl in einem Wok oder einer Pfanne erhitzen und den Knoblauch darin bei starker Hitze in ca. 10 Sek. goldgelb anbraten. Die Garnelen zugeben und 30 Sek. rührbraten. Tomaten und Frühlingszwiebeln unterrühren und an den Rand schieben. Die Eiermasse in die Mitte geben, kräftig verrühren und in ca. 20 Sek. stocken lassen. Den Reis einrühren und bei mittlerer Hitze 2–3 Min. anbraten. Die Würzsauce zugießen und weitere 3–4 Min. rührbraten. Den Reis auf vier Tellern anrichten und mit Koriandergrün bestreut servieren.

Für 4 Personen • 30 Min. Zubereitung • Pro Portion ca. 150 kcal, 20 g E, 2 g F, 14 g KH

ANANAS-TINTENFISCH-SALAT

KALORIENARM

FÜR DEN SALAT

200 g Ananasstücke (Dose)
400 g Tintenfischtuben (ersatz-
   weise TK-Tintenfischtuben)
10 Kirschtomaten
½ Bund Minze
150 g Sojasprossen
Salz
1 EL Tamarindenpaste
   (Asia-Laden)

FÜR DAS DRESSING

2 Stängel Zitronengras
2 rote Chilischoten
2 EL Limettensaft
2 EL Fischsauce

GUT ZU WISSEN

Tamarinde gehört zu den echten Schätzen der asiatischen Küche. Sie schmeckt herb-säuerlich und gleichzeitig fruchtig-erfrischend. Auch diesem Salat gibt sie eine säuerliche Note. Die Paste vor der Verwendung immer mit etwas heißem Wasser verrühren.

SALAT: Die Ananasstücke in ein Sieb abgießen und abtropfen lassen, dabei 4 EL Saft auffangen. Die Tintenfischtuben längs halbieren, waschen und quer in 5 mm breite Streifen schneiden (TK-Tintenfisch vorher nach Packungsangabe auftauen lassen). Die Tomaten waschen und nach Belieben halbieren. Die Minze waschen, trocken schütteln und die Blätter abzupfen. Die Sprossen waschen und abtropfen lassen.

In einem Topf 500 ml Salzwasser aufkochen. 2 EL davon abnehmen und mit der Tamarindenpaste verrühren, beiseitestellen. Dann den Tintenfisch im kochenden Salzwasser ca. 1 Min. garen. Die Sprossen zugeben und ca. 30 Sek. mitgaren. Alles in ein Sieb abgießen, unter fließend kaltem Wasser abkühlen und abtropfen lassen.

DRESSING: Vom Zitronengras das Wurzelende abschneiden, die groben Hüllblätter entfernen und den weichen Teil fein schneiden. Chilis halbieren, entkernen, waschen und fein schneiden. Beides mit Limettensaft, Fischsauce, Ananassaft und Tamarinde in einer Schüssel verrühren.

FERTIGSTELLEN: Tintenfisch, Sprossen, Ananas, Tomaten und Minze behutsam unter das Dressing heben. Den Salat mit Salz abschmecken und servieren.

Für 4 Personen • 30 Min. Zubereitung • Pro Portion ca. 360 kcal, 26 g E, 16 g F, 26 g KH

POMELOSALAT MIT GARNELEN

EXOTISCH

Salz
400 g rohe geschälte
*   TK-Riesengarnelen (ersatz-*
*   weise gegarte TK-Garnelen)*
1 Pomelo (ersatzweise
*   4 Grapefruits)*
4 EL geröstete, gesalzene
*   Erdnusskerne*
20 Minzeblätter
2 rote Chilischoten
4 EL Fischsauce
4 EL Reisessig
4 TL Rohrrohrzucker
2 EL Röstzwiebeln

1 In einem Topf 500 ml Salzwasser aufkochen. Die tiefgekühlten Garnelen hineingeben und 2–3 Min. kochen. Dann in ein Sieb abgießen, abkühlen lassen und längs halbieren.

2 Die Pomelo schälen und in Spalten teilen. Die weiße Haut entfernen und die Spalten in mundgerechte Stücke brechen. Die Erdnüsse grob hacken. Die Minzeblätter waschen, trocken tupfen und in feine Streifen schneiden. Die Chilis halbieren, entkernen, die Hälften waschen und in feine Streifen schneiden.

3 Fischsauce, Essig und Zucker in einer Schüssel mit dem Schneebesen verrühren, bis sich der Zucker aufgelöst hat. Pomelostücke, Minze, Chilis und Röstzwiebeln unterheben. Den Salat in vier Schalen anrichten und die Garnelen darauf verteilen. Mit den gehackten Erdnüssen bestreuen und servieren.

Für 4 Personen • 30 Min. Zubereitung • Pro Portion ca. 310 kcal, 30 g E, 12 g F, 19 g KH

GARNELEN-MÖHREN-SALAT

VITAMINREICH

Salz
500 g rohe geschälte
*   TK-Riesengarnelen (ersatz-*
*   weise gegarte TK-Garnelen)*
400 g Möhren
2 Gurken
1 Bund Minze
1 Bund Koriandergrün
4 EL geröstete, gesalzene
*   Erdnusskerne*
2 rote Chilischoten
6 EL Limettensaft
4 EL Fischsauce
2 EL Rohrohrzucker
Pfeffer

1 In einem Topf 500 ml Salzwasser aufkochen. Die tiefgekühlten Garnelen hineingeben und 2–3 Min. kochen. Dann in ein Sieb abgießen, abkühlen lassen und längs halbieren.

2 Möhren schälen, längs halbieren und in dünne Scheiben schneiden. Gurken schälen, längs halbieren, die Kerne herauskratzen und die Hälften in dünne Halbmonde schneiden. Minze und Koriandergrün waschen, trocken schütteln und die Blätter abzupfen. Die Korianderblätter grob hacken. Erdnüsse ebenfalls grob hacken. Chilis halbieren, entkernen, waschen und in feine Streifen schneiden.

3 Chilistreifen, Limettensaft, Fischsauce und Zucker in einer Schüssel mit dem Schneebesen verrühren, bis sich der Zucker aufgelöst hat. Garnelen, Möhren, Gurken, Minze und Korianderblätter unterheben. Den Salat mit Salz und Pfeffer abschmecken, auf vier Tellern anrichten und mit den Erdnüssen bestreut servieren.

GEMÜSE & TOFU

Für 4 Personen • 25 Min. Zubereitung • Pro Portion ca. 565 kcal, 17 g E, 51 g F, 9 g KH

GELBES CURRY MIT TOFU 🌿

LOW CARB

FÜR DEN TOFU
400 g fester Tofu (2 Stücke)
4 EL Rapsöl

FÜR DAS CURRY
180 g Schalotten
2 Stängel Zitronengras
4 rote Chilischoten
200 g grüne Bohnen
1 Bund Koriandergrün
4 EL Rapsöl
500 g Kokosmilch
3 TL Currypulver
2 EL Hoisin-Sauce
Salz

HALTBARKEITS-TIPP
Übrige Kokosmilch können Sie einfrieren. Dafür in Eiswürfel-behälter füllen und im Tiefkühl-fach durchfrieren lassen. Dann herauslösen und in einem Ge-frierbeutel aufbewahren. Die tiefgekühlten Würfel in Suppen oder Currys schmelzen lassen.

TOFU: Den Tofu waagerecht halbieren und die Scheiben kreuzweise in Rechtecke schneiden. Die Rechtecke dann dia-gonal in Dreiecke teilen. Das Öl in einer großen beschichteten Pfanne erhitzen und die Tofuecken darin bei mittlerer Hitze in ca. 2 Min pro Seite goldbraun anbraten. Den Tofu behutsam aus der Pfanne nehmen und auf Küchenpapier entfetten.

CURRY: Die Schalotten schälen, halbieren und in feine Strei-fen schneiden. Vom Zitronengras das Wurzelende abschnei-den, die groben Hüllblätter entfernen und den weichen Teil fein schneiden. Die Chilis halbieren, entkernen, die Hälften waschen und in feine Streifen schneiden. Die Bohnen putzen, waschen und schräg in 2 cm lange Stücke schneiden. Das Koriandergrün waschen, trocken schütteln und samt Stängeln in grobe Stücke schneiden.

FERTIGSTELLEN: Das Öl in der Pfanne erhitzen, Schalotten und Zitronengras darin bei starker Hitze 15–20 Sek. anbraten. Die Bohnen zugeben und ca. 2 Min. rührbraten. Dann Kokos-milch, Currypulver, Hoisin-Sauce und Chilis einrühren. Alles aufkochen und bei starker Hitze 4–6 Min. einreduzieren las-sen. Das Curry mit Salz abschmecken, den Tofu unterheben und kurz darin erwärmen. Das Curry auf vier Tellern anrichten und mit dem Koriandergrün bestreut servieren.

Für 24 Stück • 35 Min. Zubereitung • Pro Stück ca. 55 kcal, 1 g E, 0 g F, 12 g KH

SOMMERROLLEN MIT CHILIDIP

SCHARF

2 Knoblauchzehen
2 rote Chilischoten
1 Stück Ingwer (4 cm lang)
4 EL Reisessig
4 EL Limettensaft
100 g Rohrohrzucker
200 g Rotkohl
1 große Möhre
½ Papaya
24 Blätter Reispapier
  (20 cm ⌀)

1 Knoblauch schälen und durchpressen. Chilis waschen, nach Belieben entkernen und in sehr feine Ringe schneiden. Ingwer schälen und fein reiben. Alles mit Essig, Limettensaft und Zucker verrühren, bis sich der Zucker aufgelöst hat. Den Dip in ein Schälchen füllen.

2 Rotkohl putzen und in sehr feine Streifen schneiden oder hobeln. Die Streifen waschen und abtropfen lassen. Möhre schälen und fein raspeln. Papaya schälen, entkernen und quer in dünne Scheiben schneiden. Kohl, Möhre und Papaya in Schalen auf den Tisch stellen.

3 Bei Tisch 1 Blatt Reispapier in eine Schale mit lauwarmem Wasser tauchen, bis es weich ist. Auf einem Geschirrtuch ausbreiten und etwas Rotkohl, Möhre und Papaya auf das untere Drittel setzen. Das Reispapier von unten einmal über die Füllung klappen, dann die Seiten leicht überlappend zur Mitte umschlagen und von unten her aufrollen. So fortfahren und die Rollen mit dem Chilidip servieren.

Für 4 Personen • 20 Min. Zubereitung • Pro Portion ca. 280 kcal, 8 g E, 12 g F, 34 g KH

WOK-GEMÜSE MIT SPROSSEN

SCHNELL

2 Möhren
10 Baby-Maiskolben
500 g Chinakohl
2 rote Zwiebeln
2 Tomaten
150 g Sojasprossen
1 Bund Koriandergrün
4 EL Öl
2 TL Reisessig
4 EL Fischsauce
Salz, Pfeffer

1 Die Möhren schälen, längs halbieren und die Hälften in dünne Scheiben schneiden. Die Maiskolben waschen und längs halbieren. Den Chinakohl putzen, waschen und vierteln. Die Viertel quer in breite Streifen schneiden. Die Zwiebeln schälen, halbieren und in Spalten schneiden. Die Tomaten waschen, den Stielansatz entfernen und die Früchte achteln. Die Sprossen waschen und abtropfen lassen. Das Koriandergrün waschen und samt Stängeln grob hacken.

2 Das Öl in einem Wok oder einer großen Pfanne erhitzen und das Gemüse darin bei mittlerer bis starker Hitze 4–5 Min. rührbraten. Mit Essig und Fischsauce ablöschen, mit Salz und Pfeffer abschmecken. Die Hälfte vom Koriander unterrühren. Das Gemüse auf vier Tellern anrichten und mit dem restlichen Koriandergrün bestreut servieren.

1

2

3

VEGETARISCHE FRÜHLINGSROLLEN 🌿

KLASSIKER

4

5

6

Für 30 Stück • 1 Std. Zubereitung • 1 Std. Frittieren • Pro Stück ca. 110 kcal, 3 g E, 5 g F, 13 g KH

FÜR DIE FÜLLUNG

60 g Reis-Vermicelli
400 g Tofu
2 Möhren
150 g Sojasprossen
5 Knoblauchzehen
1 Bund Koriandergrün
80 ml Sojasauce
Pfeffer

FÜR DIE ROLLEN

30 Blätter Reispapier (20 cm ⌀)
500 ml Rapsöl

AUSSERDEM

250 ml süßscharfe Chilisauce
    (Fertigprodukt, Asia-Laden)

GUT ZU WISSEN

Reispapier benötigt beim Frittieren etwas länger, bis es knusprig goldbraun ausgebacken ist. Achten Sie darauf, dass das Öl für jede neue Portion wieder richtig heiß ist.

FÜLLUNG: Die Vermicelli in einer Schüssel mit kochendem Wasser übergießen und ca. 5 Min. einweichen. In ein feines Sieb abgießen, kalt abbrausen und gut abtropfen lassen. Dann mit einer Schere klein schneiden (Bild 1).

Tofu sorgfältig trocken tupfen und zerkrümeln. Möhren schälen und grob raspeln. Sojasprossen waschen, gut abtropfen lassen und grob hacken. Knoblauch schälen und im Mörser fein zerstoßen. Koriandergrün waschen, gut trocken tupfen und samt Stängeln fein hacken (Bild 2). Dabei unbedingt darauf achten, dass alle Zutaten trocken sind, sonst platzen die Rollen später beim Frittieren. Alles in eine Schüssel geben, mit Sojasauce und 2 Prisen Pfeffer würzen und mischen (Bild 3).

ROLLEN: 1 Blatt Reispapier in eine Schale mit lauwarmem Wasser tauchen, bis es weich ist. Das Blatt auf der Arbeitsfläche auf einem Geschirrtuch ausbreiten und 1 ½ EL Füllung auf das untere Drittel setzen. Das Reispapier von unten einmal über die Füllung klappen und eine Runde aufrollen. Dann die Seiten leicht überlappend zur Mitte schlagen (Bild 4). Die Rolle von unten her fest aufrollen und auf einen geölten Teller legen. Die restlichen Zutaten ebenso zu Rollen formen und mit etwas Abstand auf den Teller legen.

FERTIGSTELLEN: Das Öl im Wok auf 180° erhitzen. Es ist heiß genug, wenn an einem hineingetauchten Holzstäbchen Bläschen aufsteigen. Jeweils 4–5 Rollen ins heiße Öl legen und bei mittlerer Hitze in 8–10 Min. knusprig braun frittieren (Bild 5). Dabei gelegentlich wenden und darauf achten, dass sie sich nicht berühren. Die Rollen aus dem Öl nehmen und auf Küchenpapier entfetten. Die frittierten Frühlingsrollen mit der Chilisauce servieren (Bild 6).

TOFU-GEMÜSE-EINTOPF

VITAMINREICH

FÜR DEN TOFU
400 g Tofu
6 Knoblauchzehen
1 Stück Ingwer (5 cm lang)
3 EL Rapsöl

FÜR DEN SIRUP
80 g Rohrohrzucker
60 ml Fischsauce

FÜR DAS GEMÜSE
200 g Shiitake (Pilze)
200 g grüne Bohnen
2 rote Paprika
6 Stängel Thai-Basilikum (Horapa)
3 EL Rapsöl

TOFU: Den Tofu in 2 cm große Würfel schneiden. Den Knoblauch schälen und im Mörser fein zerreiben. Den Ingwer schälen und fein reiben. Tofu, Knoblauch, Ingwer und Öl in einer Schale vermischen und ca. 15 Min. marinieren lassen.

SIRUP: Inzwischen Zucker, Fischsauce und 4 EL Wasser in einem kleinen Topf mischen. Offen bei mittlerer Hitze in 4–6 Min. zu einem dünnen Sirup kochen, dabei gelegentlich umrühren. Den Sirup dann vom Herd nehmen.

GEMÜSE: Die Pilze trocken abreiben, die Stängel herausbrechen und die Kappen in feine Streifen schneiden. Die Bohnen putzen, waschen und in 1 cm lange Stücke schneiden. Die Paprika vierteln, Kerne und weiße Trennhäute entfernen. Die Viertel waschen und quer in dünne Streifen schneiden. Basilikum waschen, trocken schütteln und die Blätter abzupfen.

FERTIGSTELLEN: Das Öl in einem Topf erhitzen und den Tofu darin bei mittlerer Hitze anbraten, bis der Knoblauch goldgelb ist. Pilze und Bohnen einrühren und ebenfalls ca. 2 Min. anbraten. Den Sirup unterrühren und den Eintopf abgedeckt bei schwacher bis mittlerer Hitze 5–6 Min. garen. Die Paprika einrühren. Den Eintopf in vier Schalen anrichten und mit dem Basilikum bestreut servieren. Dazu passt Reis.

Einige vietnamesische Gerichte werden mit Zuckersirup zubereitet. Dadurch sind sie für den deutschen Gaumen fast zu süß. Da diese Rezepte hier jedoch nicht fehlen sollen, wurde die Zuckermenge angepasst. Wenn es original sein soll, kochen Sie den Sirup mit 120 g Zucker.

Für 4 Personen • 25 Min. Zubereitung • Pro Portion ca. 375 kcal, 14 g E, 22 g F, 30 g KH

GEBRATENER TOFU MIT MINZE

SCHNELL

1 Stück Ingwer (4 cm lang)
6 Knoblauchzehen
4 EL Palmzucker (ersatzweise
  Rohrohrzucker)
60 ml Fischsauce
2 EL Limettensaft
3 Bird's-Eye-Chilischoten
  (Asia-Laden)
2 kleine Auberginen
400 g Tofu
8 Stängel Minze
60 ml Rapsöl
Salz, Pfeffer

1 Ingwer und 3 Knoblauchzehen schälen, fein hacken und im Mörser fein zerstoßen. Zucker, Fischsauce und Limettensaft unterrühren, bis sich der Zucker auflöst. Chilis waschen, in feine Ringe schneiden, untermischen und die Sauce in ein Schälchen füllen.

2 Auberginen waschen, putzen und in 2 cm große Würfel schneiden. Tofu ebenfalls 2 cm groß würfeln und mit Küchenpapier trocken tupfen. Minze waschen, trocken schütteln und die Blätter abzupfen. Den restlichen Knoblauch ungeschält im Mörser leicht zerdrücken.

3 Das Öl in einem Wok oder einer großen beschichteten Pfanne erhitzen. Tofu, Auberginen und Knoblauch darin bei starker Hitze in 5–6 Min. goldbraun braten. Dabei erst wenden, wenn die Tofuwürfel angebraten sind. Kräftig mit Salz und Pfeffer würzen. Die Minze einrühren, auf vier Tellern anrichten und mit der Sauce servieren.

Für 4 Personen • 20 Min. Zubereitung • Pro Portion ca. 545 kcal, 21 g E, 39 g F, 29 g KH

CHINAKOHL MIT TOFU 🍃

WINTER-REZEPT

400 g Tofu
1 Chinakohl
1 Stück Ingwer (6 cm lang)
6 Knoblauchzehen
3 rote Chilischoten
2 EL Palmzucker (ersatzweise Rohrohrzucker)
100 ml Rapsöl
4 EL schwarze Bohnensauce (Douchi)
2 EL Sojasauce
Salz, Pfeffer
2 EL Sesam

1 Den Tofu in 2 cm große Würfel schneiden. Den Chinakohl putzen und längs halbieren. Die Hälften in dünne Streifen schneiden, waschen und abtropfen lassen. Den Ingwer schälen und in kleine Stücke schneiden. Knoblauch schälen und etwas kleiner schneiden. Chilis waschen und in Ringe schneiden. Ingwer, Knoblauch, Chilis und Zucker im Mörser zu einer feinen Paste zerstoßen.

2 Das Öl in einem Wok oder einer Pfanne erhitzen und den Tofu darin bei mittlerer Hitze in 2–3 Min. rundum hellbraun anbraten. Herausnehmen und auf Küchenpapier entfetten.

3 Danach den Chinakohl im Wok bei starker Hitze 3–4 Min. rührbraten. Ingwerpaste, Bohnensauce und Sojasauce einrühren und 1–2 Min. mitgaren. Den Chinakohl mit Salz und Pfeffer abschmecken, auf vier Tellern anrichten und mit Sesam bestreut servieren.

REGISTER

Vegetarische Rezepte, die im Buch mit einem ◊ gekennzeichnet sind, sind hier grün abgesetzt.

Abkürzungsverzeichnis:
E = Eiweiß
EL = Esslöffel
(gestrichen)
F = Fett
kcal = Kilokalorien
KH = Kohlenhydrate
Msp. = Messerspitze
Pck. = Päckchen
TK = Tiefkühl-
TL = Teelöffel
(gestrichen)
Ø = Durchmesser

Projektleitung: Vanessa Lotz
Lektorat: Petra Teetz
Korrektorat: Jutta Friedrich
Gesamtgestaltung: independent Medien-Design, München: Horst Moser (Artdirection), Lucie Heselich, Svenja Wamser
Herstellung: Anna Bäumner
Satz: Kösel, Krugzell
Reproduktion: medienprinzen GmbH, München
Druck und Bindung: Firmengruppe APPL, aprinta druck, Wemding
Syndication:
www.seasons.agency
Printed in Germany

1. Auflage 2018
ISBN 978-3-8338-6628-9

www.facebook.com/gu.verlag

GRÄFE UND UNZER

Ein Unternehmen der
GANSKE VERLAGSGRUPPE

DER AUTOR

Nico Stanitzok ist viel beschäftigter Koch, Kochbuchautor und Blogger. Er liebt unkomplizierte Rezepte sehr, besonders solche aus der asiatischen Küche. Im GRÄFE UND UNZER VERLAG sind bereits mehrere erfolgreiche Titel von ihm erschienen. Mehr vom Autor unter www.nicostanitzok.de

DIE FOTOGRAFIN

Julia Hoersch ist eine vielfach ausgezeichnete Fotografin. Zusammen mit **Petra Speckmann** (Foodstyling) und **Meike Graf** (Styling) verwandelte sie ihr Fotostudio in Hamburg in eine vietnamesische Garküche und fotografierte dampfende Suppen, bunte Wok-Gerichte und Sommerrollen.

BILDNACHWEIS

Julia Hoersch: S. 06–59 und Stepfotos auf den Klappen
auen60: S. 01, 05 und Stillleben auf den Klappen
Autorenfoto: privat
Coverfoto: Silvio Knezevic

Umwelthinweis:

Dieses Buch ist auf PEFC-zertifiziertem Papier aus nachhaltiger Waldwirtschaft gedruckt.

LIEBE LESERINNEN UND LESER,

wir wollen Ihnen mit diesem Buch Informationen und Anregungen geben, um Ihnen das Leben zu erleichtern oder Sie zu inspirieren, Neues auszuprobieren. Wir achten bei der Erstellung unserer Bücher auf Aktualität und stellen höchste Ansprüche an Inhalt und Gestaltung. Alle Anleitungen und Rezepte werden von unseren Autoren, jeweils Experten auf ihrem Gebiet, gewissenhaft erstellt und von unseren Redakteuren/innen mit größter Sorgfalt ausgewählt und geprüft.

Haben wir Ihre Erwartungen erfüllt? Sind Sie mit diesem Buch und seinen Inhalten zufrieden? Haben Sie weitere Fragen zu diesem Thema? Wir freuen uns auf Ihre Rückmeldung, auf Lob, Kritik und Anregungen, damit wir für Sie immer besser werden können. Und wir freuen uns, wenn Sie diesen Titel weiterempfehlen, in Ihrem Freundeskreis oder online.

Sollten wir Ihre Erwartungen so gar nicht erfüllt haben, tauschen wir Ihnen Ihr Buch jederzeit gegen ein gleichwertiges zum gleichen oder ähnlichen Thema um.

KONTAKT

GRÄFE UND UNZER VERLAG
Leserservice
Postfach 86 03 13
81630 München
E-Mail: leserservice@graefe-und-unzer.de

Telefon: 0 08 00 / 72 37 33 33*
Telefax: 0 08 00 / 50 12 05 44*
Mo – Do: 9.00 – 17.00 Uhr
Fr: 9.00 – 16.00 Uhr (*gebührenfrei in D,A,CH)

APPETIT AUF MEHR?

AVOCADO — ISBN 978-3-8338-6625-8

HEISSLUFT-FRITTEUSE — ISBN 978-3-8338-6799-6

TAJINE — ISBN 978-3-8338-6626-5

SOUS-VIDE — ISBN 978-3-8338-6629-6

LOW CARB SEELENFUTTER — ISBN 978-3-8338-6630-2

TEX-MEX KÜCHE — ISBN 978-3-8338-6627-2

ZART & SAFTIG BEI 80° — ISBN 978-3-8338-6614-2

AUFLÄUFE — ISBN 978-3-8338-6623-4

KÜRBIS — ISBN 978-3-8338-6619-7

QUICHES — ISBN 978-3-8338-6618-0

RACLETTE — ISBN 978-3-8338-6616-6

VEGETARISCH — ISBN 978-3-8338-6622-7

WAFFELN — ISBN 978-3-8338-6624-1

WOK — ISBN 978-3-8338-6620-3

1 NUDEL – 50 SAUCEN — ISBN 978-3-8338-6617-3

1 TEIG – 50 KUCHEN — ISBN 978-3-8338-6621-0

 Alle hier vorgestellten Bücher sind auch als eBook erhältlich.

Mehr von GU auf **www.gu.de** und f **facebook.com/gu.verlag**

DIE »GU KOCHEN PLUS«-APP

 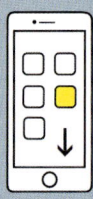

1 APP HERUNTERLADEN

Laden Sie die kostenlose »GU Kochen Plus«-App im Apple App Store oder im Google Play Store auf Ihr Smartphone. Starten Sie die App und wählen Sie Ihren Küchenratgeber aus.

2 REZEPTBILD SCANNEN

Scannen Sie das gewünschte Rezeptbild mit der Kamera Ihres Smartphones. Klicken Sie im Display die Funktion Ihrer Wahl.

3 FUNKTIONEN NUTZEN

Sammeln Sie Ihre Lieblingsrezepte. Speichern und verschicken Sie Ihre Einkaufslisten. Oder nutzen Sie den praktischen Supermarkt-Finder und den Rezept-Planer.